Einrad

Die Kunst des Einradfahrens

Björn Dinklage – Bettina Bardell

edition aragon

Für Ihre Mitarbeit danken wir:

Hilke Adolph, Oldenburg
Sabine Schröter, Oldenburg
Sven Hackober, Oldenburg
Sebastian Hoyer, Berlin
Herrmann Sagemüller, Nördlingen-Baldingen

Rudi Horn, Berchtesgaden
"Die Speiche", Fahrradgeschäft in Oldenburg
Lotte Liebel, Österreich
Julia, Dagmar und Georg Sigmon, Einrad- und Jongliergeschäft in Kronshagen

Edition Aragon
Verlagsgesellschaft mbH
Neumarkt 7-9
47441 Moers

Lektorat: Willi Klauke
Satz: Zero Typografischer Betrieb, Moers
Druck: MZ-Druck, Memmingen
ISBN: 3-89535-405-8
Printed in Germany

Zeichnungen von Bettina Bardell

Zu den Autoren:

Björn Dinklage ist 1966 geboren und wohnt in Oldenburg. Durch das Jonglieren kam er bei dem europäischen Jongleurtreffen in Bradford / England zu seinem ersten Einrad. Das war 1988 und bereits 1989 trat der Autor mit Einrad und Hocheinrad öffentlich auf. Neben Auftritten auf der Straße, bei Festivals folgten Solo-Auftritte im Hamburger Variete „Schmidt's Show". Im Sommer 1990 leitet Björn einen Artistikkurs für Kinder bei der Circusschule in Graz. Aktiv beteiligt war er bei der Vorbereitung der „European Convention for Juggling", das 1990 in Oldenburg stattfand.

Bettina Bardell ist 1969 geboren und wohnt in Hamburg. Sie lernte von Björn das Jonglieren und das Fahren des Einrades, betreibt schwerpunktmäßig Akrobatik. In Graz auf der Circusschule leitet Bettina den Akrobatikkurs für Kinder. Seit 1992 arbeitet Bettina beim Cindercircus „Die Rotznasen", in Hamburg. Sie ist auch Autorin des Buches: Circus – Bewegungskünste – mit Kindern, Edition Aragon, Moers 1992.

Lieber Leser, liebe Leserin,

Dieses Buch enthält viele akrobatische Tricks, die für Anfänger nicht geeignet sind. Alle Übungen sollten von Ungeübten am Anfang nur mit fachkundiger Begleitung durchgeführt werden. Besonders die Tricks für Fortgeschrittene solltest Du nicht machen wenn Du müde bist, keine Übung hast oder nicht konzentriert bist.

Alle Ideen und Vorschläge haben die Autoren erlernt und stellen die Technik hier dar. Ihr müßt das nicht wiederholen – oder Ihr tut es auf eigene Verantwortung.

Der Verlag *Willi Klauke*

Inhaltsverzeichnis

Vorwort

Seitdem das Einradfahren nicht mehr allein im traditionellen Rahmen des Zirkus und des Varietés betrieben wird, steigt die Zahl der Freizeiteinradfahrer. Nicht zuletzt durch den Jonglierboom in den letzten Jahren ist auch die Popularität des Einrades erheblich gewachsen.

An dieser Entwicklung ist zum einen sicherlich das ungewöhnlich witzige Aussehen des Einrades „schuld", das allein schon Interesse und Neugier weckt. Zum anderen ist das *eine* Rad eine Herausforderung für alle diejenigen Menschen, die spielerisch veranlagt sind und soviel Geduld und Selbstvertrauen haben, daß sie das Einrad nicht gleich nach den ersten Fehlversuchen in die Ecke stellen.

Und wer einmal miterlebt hat, mit wieviel Erstaunen und Verwunderung das Publikum eines guten Straßenkünstlers auf sein Hochrad reagiert hat, der wird verstehen, warum gerade viele Jongleure Einradfahrer sind oder es noch werden wollen.

Dabei ist es keineswegs eine Frage des Talents.

Einradfahren verbessert das Orientierungs- und Gleichgewichtsgefühl, und um es zu erlernen, braucht es Geduld und . . . dieses Buch.

Natürlich kann es kein Ersatz für einen guten Lehrer sein, aber es soll helfen, Grundtechniken besser verstehen und schneller lernen zu können. In diesem Sinne wünschen wir Euch viel Spaß beim Lesen und Lernen.

Speichenbruch und Plattfuß
die Autoren

Das Einrad und seine Geschichte

Es besteht aus einem Rad, einem am Endstück der Gabel befestigten Sitz, der eher einer Banane gleicht als einem herkömmlichen Fahrradsattel und zwei Pedale, die direkt an der Radnarbe befestigt sind.

Wenn ein Kind ein Fahrrad beschreiben würde, benützte es Worte wie „Klingel“, „Kette“, „Bremse“, „Lenker“ usw., alles Dinge, die am Einrad fehlen.

Das Einrad ist sozusagen eine Sparform des herkömmlichen Rades, und die Geschichte des Einrades könnte auch mit der Frage beginnen — was war eher da — das Einrad oder das Fahrrad?

Alle Räder, Laufräder, Hochräder, Einräder und die herkömmlichen Fahrräder sind Resultate einer jahrtausende alten Suche des Menschen, eine Möglichkeit zu finden, sich leichter und schneller fortzubewegen, als es ihm seine Muskelkraft allein ermöglicht.

Schon sehr früh machten sich Menschen Tier- und Naturkräfte zu Nutze, und wie sehr beneideten und bewunderten sie z.B. die Kraft eines Löwen oder die akrobatischen, tollkühnen Bewegungen der Vögel, aber erst in der Antike findet man Anzeichen dafür, daß Menschen sich Geräte bauen, um ihre eigenen Muskelkräfte fürs Fortkommen rationeller einzusetzen.

So bauten die verschiedensten Erfinder verschiedenste Muskelkraftwagen. Man findet zahlreiche Abbildungen davon auf alten Steintafeln und Konstruktionszeichnungen bis aus dem Mittelalter.

Das wohl spektakulärste Gefährt bauten angeblich etruskische Krieger 1200 v.

Chr., die damit schon vor 3.200 Jahren das Einrad entdeckt hätten, wenn die Abbildung kein Werbegag ist, und zwar in einer im wahrsten Sinne des Wortes merkwürdigen Form, wenn man bedenkt, welch ausgereiftes Balancegefühl nötig ist, um mit diesem Einrad beim Angriff in angegebener Weise den Berg hinabzurauschen.

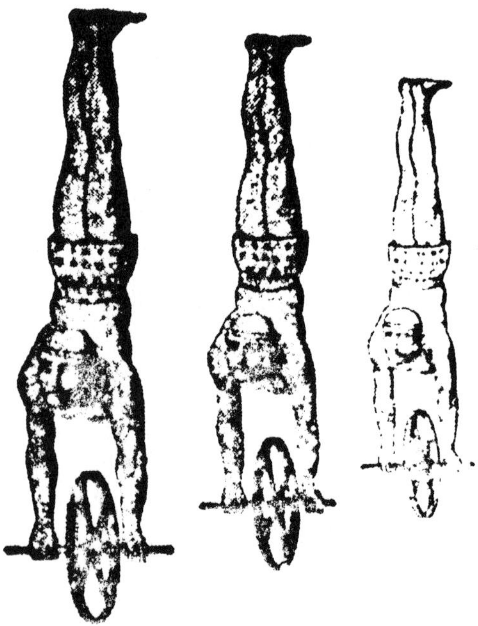

Selbst heute gibt es nur sehr wenige, die auf diesem „impossible wheel" fahren können, und wenn überhaupt, dann nur aufrecht stehend.

Laufräder

Wer das erste Laufrad dann erfunden hat, darüber streiten sich die Historiker.

Entstanden sind jedenfalls diese Vorformen des Fahrrades und auch des Einrades von ca. 1760 an bis 1838. Dann erst griff ein schottischer Schmied eine alte Idee wieder auf und baute Kurbeln an das Vorderrad des Laufrades.

Das bekannteste Laufrad ist wohl die vom badischen Forstmeister Carl v. Drais im Jahre 1817 erfundene „Draisine“ geworden. Drais, der heute als Vater des Radfahrgedankens bezeichnet wird, rannte nicht gerade offene Türen ein, als er seine Erfindung verbreiten und vermarkten wollte. Vielmehr erlitt er ein typisches Erfinderschicksal und starb völlig verarmt und resigniert 1851.

Bevor aber die Draisine, die von Franzosen und Engländern zu sog. „Micheauxlinen“ und Hochrädern weiterentwickelt wurde, populär geworden ist, gab es Räder, die dem Einrad im Wesen näher standen als alles folgende.

Es war eine Zeit des gesellschaftlichen Umbruchs, als Graf de Sivrac 1791 in Paris seine „Céléfère“, eine primitive Laufmaschine, vorstellte.

Sie fand rasch Anhänger bei den soeben mündig gewordenen Bürgern.

Dieses „Spielzeug für große Kinder“, denn mehr konnte es bei den damaligen katastrophalen Straßenverhältnissen nicht

Laufrad (1791)

sein, traf den Geschmack der Zeit.

Das Einrad, ein Spielzeug unserer Zeit, allerdings nicht nur für „große Kinder", sondern auch immer mehr für kleine, ist sozusagen ein arabesker Seitensprößling aus der Fahrradentwicklung.

So lassen sich manche erste Einräder auch als Bastarde der Hochräder erklären; als Hochräder, denen das ohnehin unscheinbare Hinterrad verloren gegangen ist.

Hochräder

Die seit 1870 in England industriell hergestellten Hochräder wurden mit immer größeren Vorderrädern gebaut, um mit einer Radumdrehung möglichst viel Strecke zu machen.

John Hobby um 1870

Diese gefährliche Entwicklung, die mit immer höher werdenden Rädern akrobatische Meisterleistungen erforderte, fand ein jähes Ende, als 1878 die Idee des kettenangetriebenen Hinterrades wieder hervorgeholt wurde. Schon 1869 nämlich hatte ein Bastler, der Uhrmacher André Guilmet, den Kettenantrieb erfunden. Seine Erfindung konnte sich aber gegen die industriell in Serie gebauten Hochräder zuerst nicht durchsetzen.

Die Ketten-Zahnradübersetzung machte das riesige Vorderrad sinnlos, es schmolz auf eine normale Größe zusammen, und schon bald rollten Fahrräder, so wie wir sie heute kennen, aus den Fabriken.

1869 schrieb ein anonymer Autor in einem Büchlein eines Londoner Verlages mit dem Titel „Velocipedes-bicycles and tricycles“: „Uns in England hält man für ein Volk mit dem rechten Gefühl für die Dinge, weder zur übertriebenen Begeisterung der Franzosen, noch zur Sensationsfreude der Amerikaner neigend; doch in Sachen Fahrrad haben wir uns eine paar merkwürdige Extravaganzen geleistet. Zumindest haben wir Fahrrad-Eisenbahnen vorgeschlagen, und wir haben das *Einrad*!“

Einräder

Der Gedanke, das Zweirad auf das Einrad zu reduzieren, muß für viele Tüftler ebenso anziehend gewesen sein, wie der Schritt vom einspurigen Muskelkraftwagen zur einspurigen Draisine. Wenn die Größe einer Erfindung in ihrer Einfachheit liegt, dann mußte das Einrad geradezu genial sein. Außerdem: keine andere Konstruktion gestattet eine so perfekte gleichmäßige Gewichtsverteilung und damit Belastung des Rades.

Nur hat die Sache leider einen Haken; Der Zweiradfahrer kann mit seinem Gerät nur nach rechts oder links umfallen, der Einradfahrer jedoch in jede beliebige Richtung.

Einradfahren ist also eine Balancekunst, die angeblich als erster John Hobby um

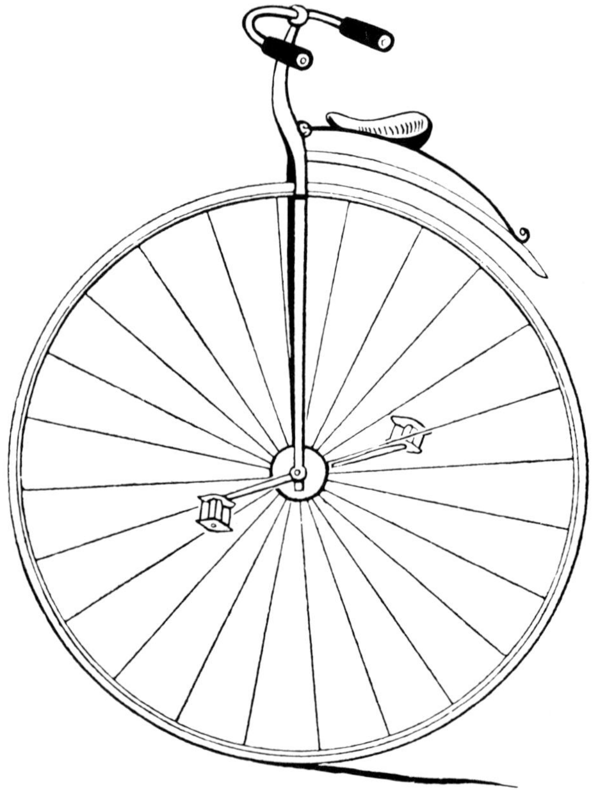

Einrad von Scuri (1880)

1870 beherrscht hat, der mit seinem Einrad wohl eher an einen Stelzengänger erinnert.

Es gibt aber auch Theorien darüber, daß es schon vor John Hobby Einradfahrer gegeben hat; nämlich Hochradfahrer, die ohne das kleine Hinterrad zu fahren versuchten, indem sie es einfach zur Seite klappten oder ganz abmontierten. Bezeichnenderweise sind alle ersten Einräder „verstümmelte“ Hochräder, erst später bemerkte man, daß man auch noch auf den Lenker verzichten konnte.

1880 begann der italienische Turnlehrer Scuri mit dem Bau von Einrädern. Mit diesem ersten Modell soll er die zweihundert Kilometer lange Strecke von Mailand nach Turin gefahren sein.

Das erste Einrradrennen fand 1886 in Greiz i.V. statt. Denn in den Pausen der großen Radsportveranstaltungen war es schnell beliebt geworden, Wettbewerbe mit Kunstradsportlern vorzuführen. Der erste Berufskunstradfahrer war wahr-

scheinlich Nick Kaufmann aus New York, er wurde nach dem Engländer Moore 1883 Weltmeister.

Der Erfindergeist schien keine Grenzen zu haben, und erst mit der Zeit setzte sich das Einrad durch, wie wir es heute kennen. In seiner praktikabelsten und populärsten Form ist es mit einem 20-Zoll-Rad, einem „Bananensattel“ und Pedalen ausgestattet.

Eine Erfindung von damals aber wird auch heute noch gebaut und gefahren: Die „Giraffe“, das Hocheinrad. Es entwickelte sich aus den Fahrrädern mit Kettenantrieb. Erste Vorformen wurden auf dem „Festival of Cyclists“ 1896 in London gezeigt und die Geschichte des Hochrades kann wohl mit dem 33 Meter hohen Hochrad von dem Amerikaner Steve Mc Peak 1980, als abgeschlossen gelten.

Rudi Horn, Blackpool 1958

Der Erfindergeist wendete sich ca. seit 1900 in eine ganz andere Richtung. Weg von der Erfindung weiterer abenteuerlicher Einräder und hin zum phantasievollen Arbeiten an neuen Varianten und Tricks fürs Einradfahren selbst.

1902 fuhr Albert H. Minting auf einem spiralförmigen Riesenrequisit hoch in die Zirkuskuppel.

1948 übertrug Freddy Zay seine Jonglage mit sieben Ringen auf sein Hochrad, und Rudi Horn kickt sich in den fünfziger- und sechziger Jahren Tassen auf den Kopf, während er sich dabei auf seinem Hochrad ausbalanciert.

Die beiden repräsentieren eine Zeit, in der die meisten Tricks mit Requisiten erdacht und erarbeitet worden sind.

(siehe auch Kapitel „Künstler und Künstlerinnen auf dem Einrad“)

Freddy Zay, 1942
Foto von Sebastian Hoyen

Heute stehen akrobatische Einradleistungen im Vordergrund. So zeigten Theresa und Sem Abrahams auf dem europäischen Jongliertreffen 1989 in Maastricht, daß es möglich ist, sich zu zweit auf einem Einrad, mit allerlei Varianten noch zusätzlich, auszubalancieren.

Wer noch mehr über die Geschichte des Fahrrades erfahren möchte, empfehle ich das im AT Verlag / Schweiz erschienene Buch „Mit dem Fahrrad durch zwei Jahrhunderte“.

Sem und Theresa Abrahams, 1988 Bradford
(Foto W. Lüft)

Praktischer Teil

Grundtechniken

Bevor es losgeht
Die Erfahrung zeigt, daß zum Lernen ein 20-Zoll-Einrad das geeignetste ist.

Stelle den Sattel Deines Einrades auf die richtige Höhe:

Wenn Du den Sattel unter den Po schiebst, mußt Du mit der Ferse bei durchgedrücktem Knie das entferntere Pedal erreichen können.

Zu Anfang stelle den Sattel ruhig etwas niedriger, das macht es Dir leichter.

Wenn Dir zwei Freunde helfen, ist das sehr gut; es genügt aber auch eine Person, um Dich zu stützen, die jedoch mindestens das gleiche Körpergewicht haben sollte wie Du.

Allerdings geht es auch ohne fremde Hilfe: Dazu suchst Du Dir einen stabilen Abstützpunkt zum Festhalten wie z.B. eine griffige Wand, eine Turnstange, einen Zaun oder ähnliches.

45°-Winkel

Auf- und Absteigen mit Hilfe

Beim Aufsteigen stellst Du Dein Rad so vor Dich hin, daß das untere Pedal etwa einen 45 ° Winkel zum Boden bildet (siehe Foto).

Dann klemmst Du Dir den Sattel zwischen die Beine und stellst den entsprechenden Fuß auf das untere Pedal.

Achte darauf, daß Du wie beim Rennradfahren möglichst nur den Fußballen auf dem Pedal hast!

Halte Dich fest und gebe soviel Gewicht auf das untere Pedal, daß sich das Rad langsam unter Dich schiebt und Dich dadurch soweit hochdrückt, daß Du Dich senkrecht über der Achse befindet. Plaziere nun auch den anderen Fuß auf das Pedal.

Wenn Du Leute gefunden hast, die Dir helfen, sollten sie sich neben Dein Einrad stellen.

Bringe Dich jetzt in Ausgangsposition, indem Du die Pedale in horizontale Stellung bringst.

Stelle Dir vor, daß Du eine starre Verlängerung der Einradgabel bist, d.h. sitze möglichst gerade und aufrecht. Sieh nach vorne, auf keinen Fall nach unten, denn dort findest Du das Gleichgewicht nicht, das Du suchst. Lasse Dein gesamtes Gewicht im Sattel und stelle Dich nicht in die Pedale.!

Deine Helfer sollten Ihre Hände nur noch als Stützfläche anbieten und Dich nicht festhalten. Greife von oben um ihre Handgelenke. Fahre mit Deinem Einrad einige Zentimeter vor und zurück, indem Du leichten Druck auf die Pedale gibst. Diese Übung wiederhole so lange, bis Du etwas mehr Gefühl für die Reaktionsweise eines Einrades gewonnen hast.

Steige dann ab, indem Du Dein Gewicht etwas mehr nach hinten verlagerst und bringe Druck auf das hintere Pedal, damit das Rad nicht davon rollt. Nimm zuerst den vorderen Fuß vom Pedal und halte das Einrad vorne am Sattel fest.

Wiederhole das Auf- und Absteigen, bis Du Dich einigermaßen sicher dabei fühlst.

Ausgangsposition

Vorwärtsfahren mit Hilfe

Steige auf, bringe Dich in Ausgangsposition und stütze Dich sowenig wie möglich ab. Verlagere Dein Gewicht nun in Fahrtrichtung, indem Du Dein Becken leicht nach vorne schiebst, ohne Dich aber vornerüber zu beugen.

Fahre eine halbe Radumdrehung, so daß sich die Pedalarme wieder in horizontaler Stellung befinden. Wiederhole diese Übung, bis Deine Vorwärtsbewegung gleichmäßig ist. Versuche Deine Helfer zunehmend weniger mit Deinem Gewicht zu belasten. Das gelingt Dir am besten, wenn Du konzentriert nach Balance suchst und Dich an Deine Merksprüche erinnerst. Weißt Du Sie noch?

Nach einiger Zeit wird es nicht mehr nötig sein, jedesmal anzuhalten, wenn die Pedalarme in horizontaler Stellung sind.

Versuche durch gleichmäßiges Fahren immer mehr Umdrehungen zu schaffen.

Beschleunige, wenn Du Dich zu weit nach vorne gelehnt hast; verlangsame das Tempo, wenn Du ein übertriebenes Nachhintenlehnen ausgleichen willst.

Versuche Dich immer weniger auf Deine Helfer abzustützen.

"Prinzip des Fahrfehlerausgleichs"

Freies Fahren

Versuche Dich erst für kurze Momente und dann immer länger von Deiner Abstützhilfe zu lösen.

Achte darauf, daß Du Dich nicht von Deiner Stütze abdrückst sondern ohne Ruck alleine losfährst.

Am Anfang bringst Du es wahrscheinlich nur selten zu mehreren Metern Fahrtstrecke, aber nach und nach passiert dies immer öfter und Deine Fahrten werden länger und sicherer.

Verliere nur nicht die Geduld. Denn nach dieser kritischen Phase kannst Du immerhin einradfahren!

Zwar bloß vorwärts, aber immerhin.
An diesem Punkt kannst Du Deine Helfer entlassen und Dir einen festen Startpunkt suchen (Wand, Laternenpfahl, Zaun, Auto etc.).
Gehe noch einmal alle Punkte durch:

- Sitze ich gerade und aufrecht?
- Schaue ich nach vorne und ist mein Gewicht im Sattel?

Einfaches Kurvenfahren

Alle bisherigen Übungen dienten dazu, für die Vorwärts- Rückwärtsbalance ein

Kurvenfahrt

Gefühl zu entwickeln. Seitliches Kippen gleichst Du nun dadurch aus, daß Du in die Richtung fährst, in die Du fällst, genau wie beim ‚normalen' Fahrradfahren.

Willst Du eine Kurve fahren, halte die Arme seitlich ausgestreckt und verlagere Deine Arme in die gewünschte neue Fahrtrichtung.

Drehe das Einrad dabei mit einem *Hüftschwung* in die neue Richtung.

Wichtig hierbei ist, daß der äußere Arm unbedingt ausgestreckt mit in die Kurve genommen wird und nicht zurückbleibt. Fahre zu Anfang große Kurven und lasse sie immer kleiner werden. Du wirst sehr bald herausfinden, wo Du Deine Schokoladenseite hast. Belohne Dich mit einer Riesentafel Schokolade, wenn Du Deine schlechte Seite ebenso gut fährst.

Einfaches freies Aufsteigen

Die Technik hierbei ist fast die gleiche wie beim Aufsteigen mit Hilfe. Wie empfehlen Dir, das Einrad vor eine Kante zu stellen, z.B. einen Bordstein, damit es beim Anfahren nicht nach hinten wegrollen kann. Stelle das Einrad in bekannter Position vor Dich hin und steige mit Schwung auf. Belaste sofort das obere Pedal und fahre los.

Fortgeschrittenes freies Aufsteigen

Stelle Dein Einrad in bekannter Weise vor Dich hin, ohne aber eine Kante zum Abstützen zu benutzen. Setze Deinen Fuß aufs untere Pedal und steige wiederum

mit Schwung auf. Beachte, daß das untere Pedal soweit nach vorne schwingen sollte, bis es sich knapp eine halbe Radumdrehung weiter in horizontaler Stellung befindet. Das ist wichtig, weil Du Dich nun sofort in Ausgangsposition befindest und genug Pedalweg hast, um sofort losfahren zu können.

Beim freien Aufsteigen machst Du es Dir leichter, wenn Du Dich von Anfang an etwas über das Rad nach vorne beugst.

Rückwärtsfahren

Bei Deinem jetzigen Können ist es sinnvoll für Dich, darüber zu entscheiden, ob Du das Rückwärtsfahren lernen willst oder ob es für Dich erstmal nicht so wichtig ist. Denn rückwärts fahren zu lernen bedeutet längeres und härteres Training als bei allen vorherigen Lernschritten notwendig gewesen ist.

Rückwärtsfahren zu beherrschen ist kein Muß, wenn Du lernen willst, mit dem Einrad auf der Stelle zu stehen oder vorhast, das Einrad in Deine Straßen- und Bühnenshow einzubauen. Für diesen Zweck ist es viel wichtiger, sicher das Pendeln zu beherrschen. So nennt man im Fachjargon das „mit dem Einrad auf der Stelle stehen".

Zu Anfang gilt es, die natürliche Angst zu überwinden, sich nach hinten fallen zu lassen.

Suche Dir zum Üben am besten wieder einen oder zwei Helfer. Halte Dich genauso fest wie beim Vorwärtsfahren beschrieben, und übe erst einmal eine halbe Umdrehung rückwärts zu fahren, bis Du Dir dabei sicher bist. Versuche dann, immer mehr Umdrehungen zu schaffen.

Auch beim Rückwärtsfahren mußt Du Dich in Fahrtrichtung lehnen, also nach hinten!

Je sicherer Du Dich beim Rückwärtsfahren fühlst, desto weniger solltest Du Dich auf Deine Helfer abstützen, bis Du schließlich alleine fährst. Vergiß nicht beim Absteigen Dein kostbares Einrad vorne am Sattel festzuhalten, um unnötige Beulen am Sattel zu vermeiden. Eigene Beulen vermeidest Du, wenn Du beim geringsten Straucheln Deine Beine sofort wieder auf den Boden setzt.

Das Pendeln lernst Du übrigens leichter als die Leute, die das Rückwärtsfahren ausgelassen haben!

Einbeiniges Pendeln

Auf der Stelle stehen, das Pendeln

Der große Vorteil eines Einrades gegenüber einem herkömmlichen Fahrrad besteht darin, daß Du damit auf der Stelle stehen kannst, ohne absteigen zu müssen!

Die Pendelbewegung ist das Vor- und Rückwärtsfahren auf der Stelle, wobei die Pedale jeweils nur einen sich permanent wiederholenden Halbkreis beschreiben.

Der Halbkreis des unteren Pedals ist vergleichbar mit der Zeigerbewegung einer Uhr von der Zahl 3 bis zur Zahl 9 und zurück.

Beim Pendeln bewegst Du die Pedale und leicht Dein Becken vor und zurück, aber nicht Deinen Oberkörper!

Jedes Pedal wird maximal eine halbe Umdrehung bewegt, dabei sollte auf das obere Pedal immer weniger Kraft ausgeübt werden, denn nur der untere Fuß hat die antreibende Funktion inne.

Viele große und noch mehr kleine Jongleure haben das Einradfahren auf der Stelle mit ihrer Jonglage verbunden. Diese Kombination grenzt für den Laien oft an Zauberei und wird deshalb so gerne in Straßen- und Bühnenshows eingebaut.

Fortgeschrittene Techniken

Aufstiegsmöglichkeiten

a) die elegante Methode

Diese Methode gleicht dem Aufsteigen auf ein Damenfahrrad. Stelle das Einrad so vor Dich hin, daß das Pedal ganz unten ist, das Du auch beim Pendeln vorzugsweise unten hast. Um die nachfolgende Beschreibung zu vereinfachen, sei das linke Pedal gewählt. Fasse nun mit der rechten Hand hinten an den Einradsattel und lehne das Einrad leicht nach rechts. Stelle den linken Fuß mit vollem Gewicht auf das Pedal und stoße Dich mit dem rechten Bein nach vorne um das Rad herum ab. Lande mit dem Po im Sattel und mit dem Fuß auf dem Pedal.

Der Unterschied zur herkömmlichen Aufstiegsart ist also, daß sich Dein Gesäß diesmal von vorne auf den Sattel schiebt, was, wenn Du es gut beherrschst, wesentlich spielerischer aussieht.

b) Aufspringen à la John Wayne

Das ist die zackige und zu Anfang vielleicht etwas schmerzliche Art des Aufsteigens.

Dein Einrad steht so vor Dir, daß sich die Pedalarme in horizontaler Stellung befinden. Halte das Rad mit beiden Händen vorne am Sattel fest und springe mit beiden Füßen nach vorne und oben ab. Lande unbedingt zuerst mit den Füßen auf den Pedalen, um Schmerzen in der Beckengegend zu vermeiden.

Aufsteigen "à la John Wayne"

Wenn Du diese Aufstiegsart sicher beherrschst, versuche freihändig aufzusteigen, indem Du den Sattel kurz vor dem Absprung losläßt.

c) Artistisches Aufsteigen

Das Einrad liegt vor Dir auf dem Boden wie abgebildet. Stelle Deinen rechten Fuß auf das obere Pedal und bringe Deinen linken Fuß mit dem Spann unter den Sattel. Ziehe dann entschlossen und schnell den Sattel mit Deinem linken Fuß in einem schräg aufwärts führenden Halbkreis unter Deinen Po.

Dein Gewicht sollte sich dabei auf dem rechten Pedal befinden, um die Aufwärtsbewegung des Einrades optimal unterstützen zu können.

Fußstellung beim artistischen Aufsteigen

Zu Anfang empfiehlt es sich, den heranschwingenden Sattel mit der rechten Hand abzufangen und ihn sanft unters Gesäß zu führen.

Später steigst Du dann ganz und gar freihändig auf.

Fortgeschrittenes Kurvenfahren

Du kannst beim Kurvenfahren den uneleganten ruckartigen Hüftschwung vermeiden, wenn Du die Arme noch extremer mitführst und Dein Gewicht noch mehr in die gewünschte Kurvenlage bringst. Wenn Du es richtig machst, legt sich Dein Einrad etwas schräg.

Beide Kurvenrichtungen üben sich am besten durch Achtenfahren.

Um Dein Balancegefühl zu verbessern und um noch längere Strecken fahren zu können, fahre mit jemandem zusammen, der mindestens genausogut Einradfahren kann wie Du. Ihr faßt Euch am besten an wie im Kapitel Paarfahren erklärt.

Tricks beim Einradfahren

Alle hier beschriebenen Tricks sind sowohl beim Vorwärts- als auch beim Rückwärtsfahren durchführbar.

a) Einbeiniges Fahren

Wenn Du das Pendeln mit nur einem Fuß auf den Pedalen beherrschst (den anderen stellst Du am sichersten auf dem Einradrahmen ab; Du kannst ihn aber auch elegant nach vorne strecken), gibt es zwei Techniken, das einbeinige Fahren zu erlernen.

Eine Möglichkeit ist, die Bewegung aus dem einbeinigen Pendeln heraus zu beginnen.

Die andere Methode, die meist vorgezogen wird, besteht darin, beim Vorwärtsfahren die Antriebskraft auf einen Fuß zu

Einbeiniges Fahren

Einbeiniges Fahren

verlagern, bis Du den anderen Fuß vom Pedal nehmen kannst.

Das Geheimnis beim einbeinigen Fahren ist, die Kraft auf das eine Pedal so zu dosieren, daß Du in einer möglichst gleichmäßigen Bewegung immer wieder den toten Punkt überwindest.

b) Rollen (sehr schwer)

Nutze einen Tag, an dem Du gute Laune und viel Energie hast. Setze im richtigen Moment beim einbeinigen Fahren den Antriebsfuß auch noch auf den Einradrahmen und lasse das Rad rollen . . .

Rollen

c) Fahren ohne Sattel

Du kannst aus jeder Fahrtrichtung und aus dem Pendeln heraus aus dem Sattel aufstehen, indem Du Dich in die Pedale stellst und Dich mit beiden Händen aus dem Sattel wegdrückst. Es ist möglich, den Sattel vor oder hinter Deinen Körper zu bringen.

Superschwierig wird es, wenn Du Gabel, Sattel und Stange abmontierst und Einradfahren in seinem wörtlichen Sinne praktizierst! Besser geeignet für dieses Einradfahren ‚pur' sind allerdings Spezialkonstruktionen, bei denen die Pedalarme relativ kurz sind, um die Stabilität des Rades zu erhöhen.

Übe am besten zuerst in einem Gang oder einem engen Flur.

Nur fliegen ist schöner

d) Der Flieger

Bringe den Sattel vor Deinen Körper, lege Dich mit der Brust darauf und strecke die Arme aus.

Tricks beim Pendeln

a) Sesselsitz

Versuche während des einbeinigen Pendelns Deinen freien Fuß auf den Oberschenkel des anderes Beines zu legen. Damit Dir nicht langweilig dabei wird, nimm Dir doch einfach was zu lesen mit aufs Rad.

Sesselsitz

Bodenkontakt

b) Boden berühren

Diesen Trick zu lernen, fällt einigen sehr schwer und anderen wiederum sehr leicht. Die Durchführbarkeit hängt viel von Deiner Beweglichkeit ab.

Beuge Dich während des Pendelns immer weiter herunter, bis Du irgendwann den Boden erreichst.

Wheel-Walking

Artistisches Einradfahren

a) Hüpfen

Um ins Hüpfen übergehen zu können, bringe während des Pendelns die Pedale in horizontale Stellung und halte den Sattel mit Deinen Händen fest. Drücke Dich von den Pedalen ab und ziehe das Einrad mit den Händen hinterher. Du kannst so oft hüpfen wie Du möchtest und dabei auch beliebig die Richtung wechseln.

b) Wheel-Walking (schwer)

Hierbei bewegst Du das Rad nicht durch Pedaldruck fort, sondern durch Laufen Deiner Füße auf dem Rad. Setze während des langsamen Vorwärtsfahrens einen Fuß auf das Rad. Drehe die Fußspitze nach innen und treibe das Rad so mit an.

Versuche das Rad zunehmend mehr durch den ‚Lauffuß' fortzubewegen und setze schließlich auch den anderen Fuß auf das Rad.

Du kannst mit dieser Technik sowohl vorwärts- und rückwärtsfahren als auch pendeln. Schwieriger wird das wheel-walking, wenn Du dabei vom Sattel steigst und ihn mit beiden Händen festhälst. Den Sattel vor sich zu bringen und dabei rückwärts zu laufen ist noch am einfachsten.

Umgekehrt funktioniert es aber auch. Außerdem kannst Du versuchen, Dich seitlich auf Dein Einrad zu stellen, so daß sich der Sattel zwischen Deinen Beinen befindet.

Seitliches Wheel-Walking

Hocheinradfahren

In der Einradszene werden Hocheinräder, die mit verlängerter Sattelstange und Kettenantrieb ausgerüstet sind, als ‚Giraffen' bezeichnet.

Die praktischsten Größen liegen zwischen 1,60 m und 2,20 m Sattelhöhe. Größere Giraffen können fast nur mit fremder Hilfe bestiegen werden und sind nur bedingt auf Bühnen einsetzbar.

Auf eine Giraffe kommst Du nicht nur mit Festhaltemöglichkeiten (Leiter, Laternenpfahl, zwei Personen . . .) sondern auch völlig allein und ohne fremde Hilfe durch drei besondere Aufstiegstechniken, die wir Dir im übernächsten Abschnitt erklären.

Aufsteigen mit Hilfe von zwei Personen
Die Hilfestellungen stehen links und rechts vom Hocheinrad, halten die Sattelstange fest und fixieren den Reifen durch Vor- und Hinterstellen eines Fußes. Du greifst an den Sattel, stellst einen Fuß auf das untere Pedal und stößt Dich mit dem anderen Fuß kräftig vom Boden ab. Unterstütze die Aufwärtsbewegung, indem Du Dich mit den Armen am Sattel hochziehst und klettere in den Sattel.

Hocheinrad-Aufsteigen mit Hilfe

Hilfestellung

Hocheinrad-Aufsteigen mit Hilfe

Freies Aufsteigen

a) Diese Technik ähnelt der Aufstiegstechnik mit Hilfe. Der Unterschied ist, daß Du Dich mit den Händen viel schneller in den Sattel hochziehen mußt. Das Rad hast Du zum besseren Ausgleichen vorher leicht nach vorne gelehnt.

b) Ist Deine Giraffe so hoch, daß Du es nicht schaffst, einen Fuß auf das untere Pedal zu setzen, steige wie auf einer Treppe erst auf den Reifen und dann erst auf das Pedal und in den Sattel. Dabei ist Geschwindigkeit Trumpf!

c) Diese Aufstiegsmöglichkeit stellt die schwierigste Art dar, auf die Giraffe zu kommen. Sie ähnelt der Stabhochsprungtechnik.

Du hälst Deine Giraffe am Sattel vor Dir fest, läufst los und setzt im rechten Moment einen Fuß auf das gerade hochschwingende Pedal, trittst das Rad eine halbe Umdrehung zurück und schwingst Dich in den Sattel.

Je weiter Dein Anlaufweg ist, desto schwieriger wird es, das Pedal im rechten Moment zu erwischen. Also laß den Anlaufweg bei 2-3 Meter.

„Stabhochsprungtechnik"

Absteigen

Du steigst von einem Hocheinrad am schnellsten und einfachsten ab, indem Du Dich einfach nach vorne oder hinten fallen läßt und beim Landen den Sprung locker in den Knien abfederst. Vergiß dabei nicht, Dein Gefährt am Sattel festzuhalten, sonst könntest Du Dich relativ schnell nach Ersatzteilen umschauen.

Manche Tricks, die Du auf einem ‚normalen' Einrad beherrschst, kannst Du auch auf der Giraffe ausführen. Das Üben ist natürlich anstrengender, doch wenn Du erst einmal einige Tricks beherrschst, wirken diese auf dem Hocheinrad natürlich viel spektakulärer als auf einem Einrad.

Spazierfahrt??

Paar- und Gruppenfahren

Zu zweit macht es noch mehr Spaß

a) Paarfahren

Sobald Du das Vorwärtsfahren beherrschst, verdoppelt sich Dein Fahrspaß, wenn Du Dir einen Partner suchst. Grundsätzlich gibt es zwei Möglichkeiten sich anzufassen.

Einmal könnt Ihr Euch gegenseitig am Oberarm festhalten, was eine relativ starre aber auch stabile Verbindung ist. Die zweite Möglichkeit besteht darin, daß Ihr Euch einfach bei den Händen faßt.

Nun könnt Ihr loslegen: Ihr fahrt vorwärts, rückwärts, auf der Stelle oder oder faßt euch verkehrt herum an, d.h., einer fährt vorwärts, der andere rückwärts. Aus dieser Position heraus könnt Ihr auch Kreise fahren. Eure Hände befinden sich dabei genau im Mittelpunkt des Kreises.

So geht's im Kreis

Oberarmkontakt

Handverbindung

Übereinander geht's auch

Oder Ihr kombiniert: Ihr fahrt gerade aufeinander zu, faßt Euch im Vorbeifahren an, dreht einen Kreis, löst Euch und fahrt jeder in seine vorherige Richtung weiter.

Fahrt Ihr schon sehr sicher, versucht doch einmal, immer schneller im Kreis zu fahren, bis Ihr Euch plötzlich loslaßt und von der Zentrifugalkraft nach außen gezogen werdet.

Oder Ihr faßt Euch beim Vorwärtsfahren mit überkreuzten Armen an, zieht Euch plötzlich um 180° herum und fahrt einfach weiter.

Diese Techniken sollen als Anregungen reichen. Laßt Eurer eigenen Phantasie freien Lauf und erfindet weitere Möglchkeiten und Kombinationen beim Paarfahren.

Eine Variante des Paarfahrens wollen wir jedoch hervorheben. Wenn Ihr sichere

Einradfahrer seid und zudem ein Faible für Akrobatik habt, dann versucht doch einmal, zu zweit auf einem Rad zu fahren. Dabei könnt Ihr übereinander sitzen oder sogar stehen, was allerdings sehr schwer ist.

b) Gruppenfahren

Auch beim Gruppenfahren sind Eurer Phantasie keine Grenzen gesetzt. Fahrt verkettet oder frei vorwärts, rückwärts, im Kreis, bleibt auf der Stelle stehen, fahrt aufeinander zu oder haltet Euch bei den Hüften wie bei der Polonaise. Oder imitiert Orgelpfeifen, indem Ihr Euch der Größe nach anordnet.

Ihr habt natürlich auch die Möglichkeit, Requisiten mit einzubringen. Fahrt z.B. einem großen Stelzenläufer zwischen den Beinen durch oder düst im Slalom um einen Hindernisparcours.

Diese Möglichkeiten und noch viele, viele mehr machen das Gruppenfahren gerade für Vorführungen oder Paraden sehr attraktiv.

Zum Abschluß soll natürlich nicht unerwähnt bleiben, daß manchmal nicht allein das Miteinander sondern das Gegeneinander zählt.

Wenn Ihr einmal aktiv oder passiv an einem Einradhockey oder -basketballspiel teilgenommen habt, dann könnt Ihr Euch vorstellen, wie gut die Spieler fahren müssen, um so spurtstark und wendig zu sein, daß es fast so aussieht, als wäre es ein Vorteil, zusätzlich noch auf einem Einrad zu sitzen.

Wenn Euch diese Möglichkeit des Einradfahrens reizt, dann hört Euch doch einmal um, ob es in Eurer Nähe ein Einradteam gibt. Andernfalls seit ihr gezwungen, so vielen Leuten das Einradfahren beizubringen, bis Ihr zwei Mannschaften zusammen habt.

Gruppenfahren

(Un)Möglichkeiten und Kuriositäten

Nicht nur Jongleure und Zauberer suchen ständig nach neuen Tricks und Ideen für ihre Shows, auch unter den Einradfahrern gibt es wahre „Daniel Düsentriebs“

Als es gerade die ersten Hochräder gab, bastelten Tüftler an Varianten und kniffligen, spektakulären Konstruktionen.

Der Erfindergeist um 1900 schuf Räder, die, um sie zu fahren, sehr gutes artistisches Können verlangten. Die kuriosen Räder wurden mit Elegance und der typisch englischen Gentleman-Art präsentiert.

Einradfahrer fanden sich früher eher in Rad- bzw. Kunstradsportvereinen, heute jedoch organisieren sich die wenigsten in Vereinen. Man trifft sie auf der Straße, bei Jongliertreffen oder Einradconventions. So sind es auch hauptsächlich die Straßenkünstler, die mit neuen Ideen und Konstruktionen Menschen in Lachen und Staunen versetzen.

Seit einiger Zeit scheidet sich die „Erfinderbewegung“ in zwei Geister: Da gibt es die einen, die neue artistische Figuren und Fahrtechniken auf dem ‚klassischen Einrad‘ üben und / oder erfinden, und andere, die nach weiteren komischen Elementen fürs Einrad suchen.

Die „King Charles-Truppe“ aus den USA nahm sich z.B. einfach ein alltägliches Thema: „Das Basketball-Spiel“ und übertrug dieses aufs Einrad und machte so daraus eine wunderbare Einrad-Komiknummer.

Eine alte russische Idee griff der „Moskauer Staatszirkus“ für seine Tournee ’89

Festival of Cyclists 1896

wieder auf: mit dem Rad auf Eis zu fahren.

Die Einradtruppe soll es Gerüchten zu Folge, technisch so gemacht haben, daß sie die Schläuche mit Wasser anstatt mit Luft füllten und durch den Mantel hindurch Spikes in zwei Reihen befestigten. Angeblich soll es bei einer sachgemäßen Konstruktion nicht schwieriger sein, anstatt auf festem Boden auf Eis zu fahren. Nur das Auf- und Absteigen wird wohl eine rutschige Angelegenheit bleiben.

Eine Erfindung aus den USA ist das Einrad mit Schuhen anstelle von Mantel und Felge, das wir hier als besondere Kuriosität vorstellen wollen. Es hat ähnliche Fahreigenschaften wie das „klassische Einrad".

Ganz anders verhält es sich beim „Känguruh“, einer Erfindung von George Siegmon, der einen Einradladen in Kiel betreibt. Hier haben's sogar die Einradkönner schwer, denn die exzentrische Achsenlage und die abnorme Stellung der Pedale machen dieses Einrad anfangs für alle zu einem „Buch mit sieben Siegeln“. Eine weitere Konstruktion von Georg Siegmon ist das 12-Eck-Rad, auch Specht genannt, das mit seiner tiefen Einkerbung an der Felge speziell für ein Fahren auf einem Seil gedacht ist.

Einrad mit besonderer Pedalstellung

Georg Siegmon mit seinem „besonderen Einrad“

Ein Einrad mit einem überdurchschnittlich großen Raddurchmesser wird auch Renneinrad genannt, weil diese Räder ähnlich einem herkömmlichen Rennrad dünne Felgen haben und wegen ihrem großen Durchmesser ideal als *Toureneinrad* geeignet sind.

Einräder mit einem ganz *kleinen Durchmesser* haben eine sehr komische Wirkung.

„*Ultimate Wheel*" heißen Einräder, die keinen Sattel oder Sattelstange haben. Sie sind beinahe unmöglich zu fahren.

Duo Rean, 1962

Toureneinrad, Einrad, Hocheinrad

Einradfahren im Alltag

Vielleicht hast Du schon einmal Dein Einrad im Straßenverkehr benutzt, entweder aus Spaß oder, um schneller irgendwo hin zu kommen. Warum auch nicht. Und wenn man dann noch eine Klingel und Licht an der Sattelstange montiert, dann ist es bestimmt verkehrssicher, oder?

Nun ja, die Rechtsprechung hat das Phänomen Einrad im Straßenverkehr noch nicht so recht erfaßt. Ist das Einrad überhaupt ein Fahrrad und unterliegt also Zweiradbestimmungen?

Wahrscheinlich ist, daß Einräder wie z.B. auch Skateboards zur Kategorie ‚Spielzeug' gehören und deshalb nur auf Privatgrundstücken und in Spielstraßen benutzt werden dürfen. Wissende Polizeibeamte sind auf jeden Fall verpflichtet, Dir das Einradfahren zu verbieten, wenn Du damit zur Arbeit fährst.

Mit dem Einrad durch die Stadt

Trittst Du allerdings irgendwo mit Deinem Einrad auf, gilt es als künstlerisches Medium und ist damit für Behörden unantastbar.

Auf Autobahnen ist Einradfahren übrigens verboten, auch wenn man es nur benutzt, um schneller zur nächsten Notrufsäule zu fahren, um bei einer Autopanne Hilfe herbeizurufen. Das ist mir nämlich einmal passiert. Als ich gerade sprechen wollte, wurde ich gebeten zu warten, und hörte life mit, wie ein LKW-Fahrer erklärte, er habe einen Verrückten auf der Autobahn langradeln sehen. Glücklicherweise gelang es mir schnell, die Situation zu entschärfen. Einen Tip haben wir für den Einradtransport per Fahrrad. Binde Dir ein Stück Tau an das Einrad und trage es wie eine Gitarre auf dem Rücken, denn dort stört es nicht.

Wie dem auch sei, Ver- und Gebote hin und her, den einzig wahren Tip, den wir Dir geben können, lautet: Start unicycling while it's still legal!

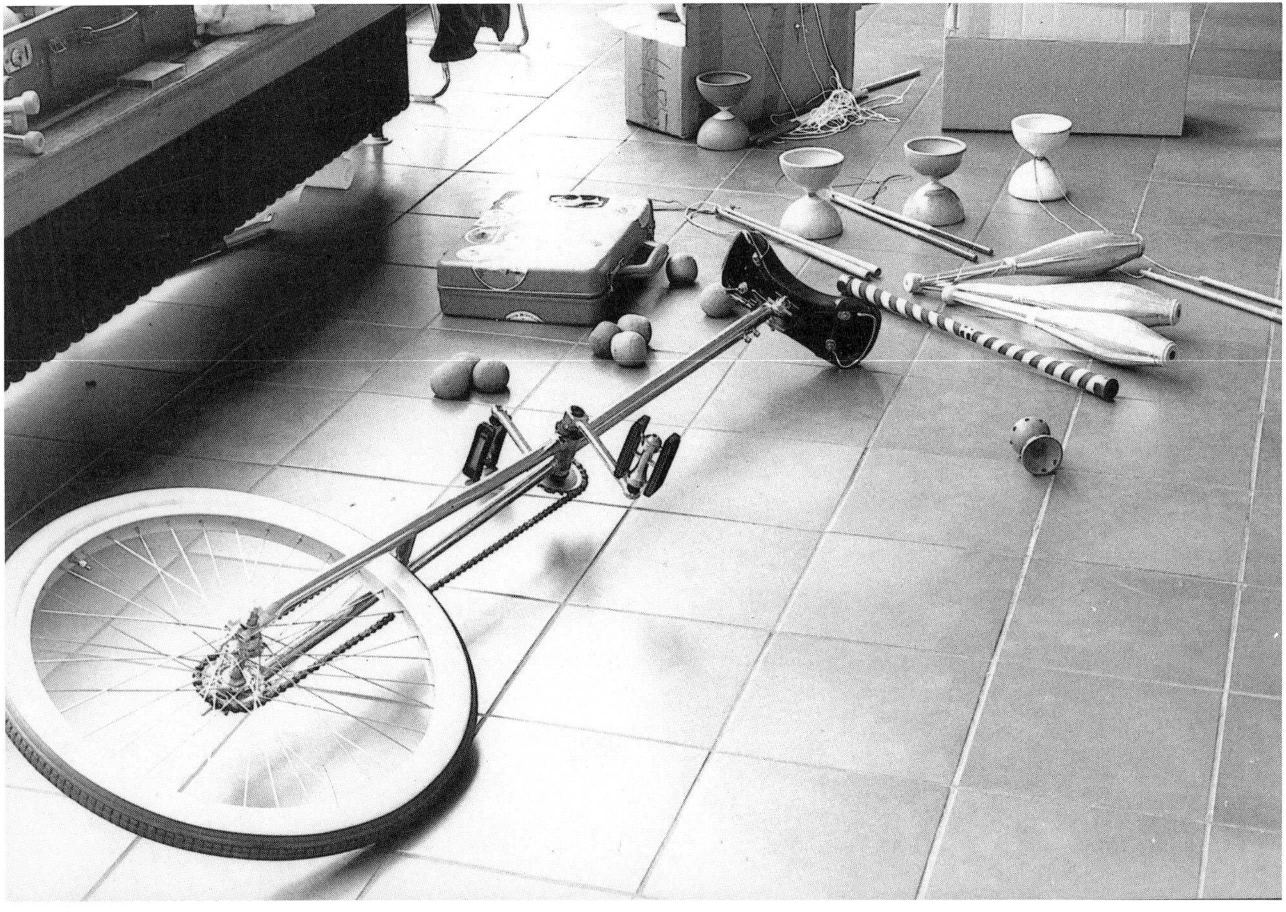

Einradfahren mit Requisiten

Die akrobatischen Einradfahrer verzichten auf jegliche Requisiten. Die ‚Komik'-Einradfahrer hingegen können gar nicht genug von witzigen und originellen Requisiten bekommen, und so gibt es schon eine ganze Anzahl spezieller Einradrequisiten, und hinzu kommen noch die Geräte, die vom Boden aufs Einrad übetragen werden können (z.B. Bälle, Ringe, Keulen etc.).

Wir stellen im folgenden eine Auswahl vor, und der Phantasie sind natürlich keine Grenzen gesetzt, noch weitere hinzuzuerfinden bzw. weitere Jonglage- oder Equilibristikkünste auf dem Einrad oder Hocheinrad einzustudieren.

a) Einradrequisiten

Nicht selten hört der Einradfahrer, wenn er an Fußgängern vorbeifährt: „Oh, schau mal, Mami, da fährt einer auf einem abgebrochenen Rad!" Warum denn nicht einfach diesen Eindruck mit einem Requisit verstärken?

Ein witziges Requisit für eine Straßenshow ist auch der angeschraubte Pferdekopf, der besonders ‚echt' wirkt, wenn der Einradfahrer auch die Aufsteigetechnik à la John Wayne beherrscht.

Ein Requisit kann auch ein zweites Einrad sein, auf das man umsteigt, ohne den Boden zu berühren.

b) Weitere Requisiten

Hula hooping

Lerne Hula hooping mit einem Reifen erst auf dem Boden und übertrage diese

Technik dann auf das Einrad. Du kannst den Reifen sowohl während des Pendelns als auch beim Vorwärts- und Rückwärtsfahren um Deine Hüften schwingen.

Balancieren

Alles, was Du auf der Erde balancieren kannst, hälst Du mit einiger Übung auch auf dem Einrad im Gleichgewicht. Diese Gegenstände kannst Du in der Hand, auf Kinn, Nase, Stirn oder auf dem freien Fuß während des Pendelns balancieren. Es gibt sogar Artisten, die es schaffen, sich Geschirr vom Fuß auf den Kopf zu lupfen und es dort auszubalancieren.

Jonglieren

Jonglierst Du, gelingt es Dir sicherlich bei entsprechendem Training, diese Fertigkeit auch auf dem Einrad auszuführen.

Beim Jonglieren von Bällen, Ringen oder Keulen auf dem Einrad achte darauf, daß Du nicht *auf* Deine Jonglage schaust, sondern durch sie hindurch nach vorne guckst. Diese Regel gilt auch für das Passen von Bällen, Ringen oder Keulen mit einem oder mehreren Partnern.

Tellerdrehen, Yo-Yo-, Diabolo- und Devilsticktechniken lassen sich ebenso auf das Einrad übertragen.

Seilspringen

Wenn Du das Hüpfen auf dem Einrad sicher beherrschst, versuch es doch einmal mit Seilspringen. Da Du das Einrad nun nicht mehr mit den Händen hochziehen kannst, klemme es entweder zwischen Deine Oberschenkel oder sichere es zusätzlich mit einem elastischen Gurt, den Du um die Sattelstange wickelst und an einem Gürtel um Deine Hüften befestigst.

Vergiß allerdings nicht, daß sich diese Übung evt. leicht deformierend auf Deine Einradfelge auswirken kann, je nachdem, wie stabil sie gebaut ist.

Hindernisfahren

Mit Deinem Einrad kannst Du über eine Wippe fahren. Du kannst Treppen runterfahren und sie sogar wieder raufhüpfen, indem Du Dein Einrad seitlich zur Stufe stellst und Dich schräg nach oben abdrückst. Diese Technik übst Du am besten erst an Bordsteinkanten.

Hast Du schon einmal daran gedacht, über eine Rampe zu springen, um auf dem Boden bzw. einer zweiten Rampe wieder zu landen? Bedenke allerdings auch hierbei, daß Dein Einrad nicht grenzenlos belastbar ist.

Einradfahren auf einem Seil

Kannst Du sicher Einradfahren und Seiltanzen? Dann verbinde es doch einfach. Entferne Schlauch und Mantel von Deinem Rad, so daß die Felge genau über das Seil paßt (geeigneter für das Seilfahren sind allerdings Plastikräder, deren Felgen innen glatt und nach außen hin stärker gewölbt sind) und übe mit einer mehrere Meter langen Balancierstange. Die Stange kannst Du bei perfektem Fahren natürlich auch gegen Jonglierrequisiten austauschen. Gelingt es Dir, fünf Ringe zu jonglieren, während Du gleichzeitig Einrad auf einem Seil fährst, dann ist es unserer Meinung nach an der Zeit, daß Du Dir einen guten Manager suchst.

PATRICK FONGER

FEUERSCHLUCKEN UND FEUERSPUCKEN

ISBN 3-89535-432-5

DM 16,80 · ÖS 131,00 · SFr 17,80

Schritt für Schritt wird das Wissen vermittelt, um als Feuerspucker und Feuerschlukker auftreten zu können.

ERIKA SCHIEDT/SASKIA SCHIEDT

STELZEN – BAU UND SPIEL

ISBN 3-89535-433-3

DM 16,80 · ÖS 131,00 · SFr 17,80

Der Gebrauch von Stelzen hat eine uralte Tradition und ist weltweit zu finden. Bereits in der antiken griechischen Tragödie gehörte der Stelzenschuh (Kothurn) als wichtiger Bestandteil des Kostüms zur Aufführung.

Ulli Wegner

BUMERANGWERFEN – SPIELEND LERNEN

ISBN 3-89535-425-2

DM 16,80 · ÖS 131,00 · SFr 17,80

Das Buch ist für Anfänger und auch für Profis geeignet. Die Bandbreite dieses Buches reicht von eigenhändigem Fang des Bumerangs hinter dem Rücken bis zum Werfen in stockfinsterer Nacht.

Holger Ewert, Peter Sendtko, K.P. van der Wingen

MODELLIERBALLONS

2. Auflage; ISBN 3-89535-412-0

DM 16,80 · ÖS 131,00 · SFr 17,80

Die Rede ist in diesem Buch von Ballons, die gedreht, gewürgt und gequetscht werden müssen. In diesem Buch sind viele Beispiele zum Erlernen des Modellierballon-Figurenkabinetts.

Verwendungsmöglichkeiten des Einrades in Straßen- und Bühnenshows

Viele Jongleure und auch Clowns verwenden Einräder in Ihrer Vorstellung. Daß dabei öfter Giraffen als normale Einräder zu sehen sind, liegt klar auf der Hand.

Gerade für Straßenkünstler ist es eminent wichtig, schon von weitem aufzufallen. Hinzu kommt, daß es unheimlich spektakulär und schwierig aussieht, wenn ein Hochradartist halb fallend, halb fahrend durch die Gegend wankt. Daß das Hocheinradfahren kaum schwerer ist als das normale Einradfahren, sondern daß der Artist ganz im Gegenteil viel mehr Zeit hat, freiwillige und unfreiwillige Fahrfehler auszugleichen (die größere Trägheit der Giraffe macht es möglich), spielt dabei keine Rolle. Für das Showbusiness ist hauptsächlich das Spektakuläre wichtig, die Schwierigkeit einer technisch hochstehenden Nummer ist zumeist für Laien sowieso kaum erkennbar.

Nichtsdestoweniger hast Du auf einem normal hohen Einrad viele Möglichkeiten, die auf der Giraffe wegfallen. Du kannst zum Beispiel Gegenstände vom Boden aufheben, zu zweit auf einem Rad fahren, Seilspringen, Wheelwalken, vorneweg einen Lenker schieben, der auch auf ein Rad montiert ist, oder, was sehr schwer ist, vom Einrad auf Dein Hochrad umsteigen, ohne den Boden zu berühren.

Verwendest Du eine Giraffe, ergibt sich natürlich schon die Frage, wie Du überhaupt auf sie hinaufkommst. Hier ist ein beliebter Ansatzpunkt für Straßenkünstler, Freiwillige mit einzubeziehen, um die Show farbiger und witziger zu gestalten. Wenn nämlich zwei Leute Deine Giraffe festhalten, ist für Dich die Gelegenheit da, daß zu tun, was Du schon immer mal bei Unbekannten ausprobieren wolltest. Du ziehst Dich an ihrer Jacke hoch, kletterst mit einem Bein auf ihre Schultern oder rettest Dich kurz vorm Runterfallen mit einem Griff in die (fremden) Haare. Vergiß bei dem ganzen Klamauk aber nicht, Dich bei den Freiwilligen für die gelungene Hilfestellung zu bedanken, und schicke sie mit einem Applaus wieder in die Menge.

Auf eine sehr spektakuläre Idee kam der schottische Jongleur Marek, der sein 2,60 m

Klamauk und Zuschauerhilfe

Der Giraffenpass (für Insider)

Hocheinrad zum Abschluß seiner Straßenshow auf der Stirn balancierte und gleichzeitig mit drei Keulen jonglierte.

1989 zog eine schwedische Einradtruppe mit viel Erfolg durch europäische Varietés. Drei Artisten, darunter ein Hocheinradfahrer (!), hüpften in der Show eine Treppe hoch.

Und wenn Du musikalisch bist, dann greife doch einmal die Idee eines Schweizer Artistenduos auf, die die Speichen, die Felge und den Mantel eines ihrer Einräder zum Schlagzeugspielen benutzten.

Schön sieht es auch aus, wenn Jongleure auf Giraffen mit Keulen passen, sie also den sogenannten ‚Giraffenpass' vollführen.

Oder hast Du schon einmal versucht, Deine lange Hose auf einem Hocheinrad auszuziehen? Paß aber vorher auf, daß Du unbeobachtet bist, wenn Du übst, denn nur als Könner solltest Du diesen Gag vor Zuschauern bringen (allerdings lieber nicht auf der Bühne).

Was wir damit sagen wollen: Für Deine Straßenshow ist es immer förderlich, wenn die benutzten Requisiten originell und spektakulär sind, selbst eher ‚schmutzige' Tricks und Gags haben hier ihre Berechtigung, wenn Du sie mit Deinem Präsentationsstil vereinbaren kannst. Auf der Bühne jedoch empfiehlt es sich, das Einrad in stilvoller Weise im Rahmen einer geschliffenen Nummer vorzuführen. Hast Du solche Ambitionen, dann schau doch mal im letzten Kapitel nach, wie Künstler in der Vergangenheit ihre Nummern aufgebaut haben.

Die Kunst des Einradfahrens, Künstler und Künstlerinnen

Das Einrad ist in diesem Jahrhundert von erstklassigen Jongleuren mit großem Erfolg verwendet worden.

Freddy Zay

Einer der ganz großen Jongleure in Deutschland war der Nürnberger Freddy Zay, der von 1930 bis 1950 auf der ganzen Welt aufgetreten ist.

Die Eltern von Friedrich A. Petry — wie er mit bürgerlichem Namen hieß —

Freddy Zay, 1948

waren auch Artisten und hatten eine komische Fahrradnummer unter dem Namen Peterson und Petry. So lag es nahe, daß der junge Freddy auch aufs Rad kam. Mit 12 Jahren bestieg er zum ersten Mal ein niederes Einrad und begann zu jonglieren. Mit der Schwierigkeit der Tricks wurde auch das Einrad immer höher, bis er schließlich auf einem 3 m hohen Rad eine Jongleurnummer beherrschte, die in ihrer Schwierigkeit, parterre gezeigt, den größten Beifall abverlangt hätte. Er aber zeigte sein außerordentliches Repertoire von Jonglerie und Balancen mit Reifen, Bällen und Stäben auf dem labilen Stangenrad, zum Beispiel das Jonglieren von 8 Reifen oder 7 Reifen mit Stirnbalance und rotierendem Reifen am Fußgelenk.

Die große Varietézeit ging in den späten 50ern zu Ende, denn mittlerweile verdrängten Fernseher, Kleinwagen, Eigenheim und eine um sich greifende Freizeitindustrie das mittelständische Varietégeschäft.

So zog sich auch Freddy Zay vom Artistendasein zurück und eröffnete 1956 in seiner Heimatstadt Nürnberg ein Schreib- und Tabakwarengeschäft.

Rudy Horn

1949 trat erstmals im Circus Krone ein 16jähriger auf, der sich fehlerlos neun Tassen plus Löffel plus ein Stück Zucker mit dem Fuß auf den Kopf kickte. Dieser junge Mann namens Rudy Horn gewann 24 Jahre später als Krönung seiner glanzvollen Laufbahn in Bergamo / Italien beim internationalen Jonglierfestival die begehrte Rastelli-Trophäe mit dem sogenannten Tassen-Trick.

Rudy Horn, der einer Artistenfamilie entstammt, begann als 9jähriger seine Karriere als Jongleur.

Den Tassentrick, den Rudys Vater von Ferry Mader abgeschaut hat, zeigte Rudy das erste Mal mit 9 Jahren, als er sich ein Gedeck auf den Kopf kickte.

Im Circus Krone kam er mit der Hochseiltruppe Stey zusammen, bei der er Gelegenheit hatte, das Einradfahren zu erlernen. Er kam auf die Idee, den schwierigen Tassentrick auf dem Einrad zu bringen. 1950 trat er mit diesem Trick erstmals im Circus auf, und später gelang es ihm sogar, dabei auf einem Hochrad von 1,80 Höhe zu sitzen.

Viele Jongleure kopierten diesen von Rudy Horn erstmals gezeigten Trick, doch keiner reichte an Horns Leistung heran. Heute ist dieser Trick in China sehr populär, doch selbst die fleißigen

Rudy Horn, 1961

Chinesen benutzen nur traditionelle Schalen, die wesentlich einfacher zu stapeln sind als Tassen auf Untertassen.

„Der Erfolg bei dem Nürnberger Rudy Horn liegt wohl darin, daß er ein Allround-Jongleur ist. Er hat sich nicht nur auf seinen Haupttrick spezialisiert, sondern versteht es auch meisterlich, mit Keulen und kleinen Bällen zu jonglieren. Schon als kleiner Junge arbeitete er mit einer Anzahl von Reifen und jongliert heute im Rhythmus der Musik mit 7 Bällen auf einer Trommel oder wirft 7 Bälle einige Touren lang. Ebenso phantastisch ist dieser Trick: Horn bringt einen Original-Teelöffel vom Fuß aus auf der Stirn zur Balance und jongliert dann gleichzeitig mit einer Tasse, einem Teller und einem Stück Zucker." (Karl-Heinz Ziethen)

Seine Arbeit bestand ausschließlich aus ‚Schlußtricks', das heißt, seine Nummer bestand aus Kunststücken solchen Schwierigkeitsgrades, mit denen andere Jongleure ihre Arbeit als Höhepunkt beschließen.

Nach Beendigung seiner Laufbahn als Artist widmete Rudy Horn sich nebenberuflich in seiner Wahlheimat Berchtesgaden dem dortigen Sportverein.

Wenn Du mal in der Nähe bist, dann besuch ihn doch einmal. Er ist ein wirklich netter Mensch.

Steve McPeak

Auch in den USA gab es und gibt es viele bemerkenswerte Einradfahrer. Einer der herausragendsten unter ihnen ist Steve McPeak, der 1965 im Alter von 20 (!) Jahren mit dem Einradfahren begann.

JACK MEYAND
& JEANET
BIKES TO HIRE

„Velons", DDR, 70er Jahre

Um den Nachteil auszugleichen, daß er so spät mit dem Einradfahren angefangen hat, fuhr der ehrgeizige McPeak in seiner College-Zeit jede Strecke mit dem Einrad. Ziemlich schnell beschloß er, das höchste Einrad zu bauen und zu fahren, daß es je gegeben hat. Und schon im November 1966 gelang ihm dies mit einer 7 m hohen Giraffe. Im nächsten Frühjahr wagte er den Schritt zum professionellen Artisten und zeigte als Abschlußnummer in seiner Vorstellung die Fahrt mit einer 3 m Giraffe über einem in 12 m Höhe gespannten Seil ohne Sicherheitsnetz. 1968 fuhr Steve per Giraffe bzw. Einrad von Chicago nach Las Vegas, legte dabei in 43 Tagen 3700 km zurück und schaffte unter anderem die Rekordtagesetappe von 300 km in 23 1/2 Stunden. 2400 km dieser Strecke fuhr McPeak auf einer 4 m hohen Giraffe.

Im Februar 1969 fuhr er mit einem

Joshi Psona, DDR, 1974

noch höheren, nämlich nunmehr 10 m hohen Hocheinrad eine Distanz von 10 m und stellte damit den nächsten Höhenweltrekord auf.

Und um seine Tollkühnheit vollends unter Beweis zu stellen, überquerte McPeak 1975 verbotenerweise den Hoover Dam auf einem 500 m langem Kabel, das 230 m hoch über der Wasseroberfläche aufgespannt war. Dafür benutzte er eine Spezielkonstruktion. Allerdings mußte er wegen Gesetzesübertretung 400,- DM Strafe bezahlen.

Soweit uns bekannt ist, ist Steve McPeak momentan Inhaber aller Hocheinradweltrekorde: Im Oktober 1976 überquerte er auf einer 14 m Giraffe ein 13 m hohes Drahtseil. Und im November 1980 fuhr er eine 33 m Giraffe, die 40.000 DM kostete!

Höher, gefährlicher, weiter. Typisch amerikanisch?

CHARLY WOOD

et son Partenaire

Jongleur sur monocycle

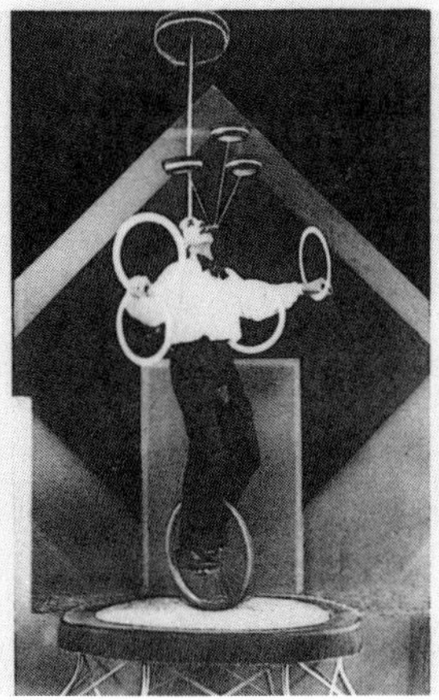

NOUVEAU ORIGINAL

[redacted]

Materialien

W. Gronen / W. Lempke, Geschichte des Radsports, Doepken Verlag

Akrobatik in China, Verlag für fremdsprachige Literatur, Beijing, China

Otto Netzer / Mario Turra, Zirkus International, Henschelverlag

Rauck / Volke / Paturi, Mit dem Rad durch zwei Jahrhunderte, AT Verlag

Dave Finnigan, Alles über die Kunst des Jonglierens, DuMont Verlag

Leufen / Möller, Das Fahrrad, Entwicklung, Technik, Zukunft, Moby Dick Verlag

Ulrich Herzog, Fahrrad für Kenner, Moby Dick Verlag

FahrradLiebe, BilderLeseBuch, Elefanten Press

Ulrich Herzog, Fahrradpatente, Erfindungen aus 2 Jahrhunderten, Moby Dick Verlag

Felix Paturi, Die Geschichte des Fahrrads, AT Verlag

Illustrierte Fahrradgeschichte, Nicolaische B.

Thomas Stevens, Zwanzigtausend Meilen mit dem Hochrad um die Welt 1884-1886, Edition Erdmann

Hitzeler, Fritz u. a., Jonglieren – Spiel mit der Schwerkraft, edition aragon

Hans J. Zwiefka, Pantomime — Ausdruck — Bewegung, edition aragon

Christof Gilberg, Das Clownsbuch, edition aragon

Rudolf Urbanski, Maskenbau — Schminken — Eigene Maske, edition aragon

Melczer Lukács / Zwiefka, Akrobatisches Theater, edition aragon

Hans J. Zwiefka, Slapstick — Pantomime — Maskenspiel, edition aragon

J. Wiley, The Complete Book of Unicycling, Lodi

Bettina Bardell, Circus – Bewegungskünste – mit Kindern, edition aragon

S. Höher, Einradfahren. Vom Anfänger zum Könner, Rowohlt

Klaus Borkens / Thomas Renneberg, Gaukelcircus, Ökotopia Verlag

Rudi Ballreich / Udo von Grabowiecki, Zirkus Spielen, S. Hirzel Verlag

L. Böhm / H. Born, Das Kunstradfahren, Kesselring Verlag

Marion Hitzeler, Markus Fritz
Wilhelma Schlüter, Wolfang Klauke
JONGLIEREN
5. Auflage; ISBN 3-89535-400-7
DM 16,80 · ÖS 131,00 · SFr 17,80

Es liegt in der Natur der Sache, daß Jonglieren in Gruppen noch mehr Spaß macht als alleine, und deshalb versucht jeder Süchtige andere Leute anzustecken – bei Workshops, in Jongliergruppen, oder einfach so ...

Elke Bockamp,
Rudolf P. Urbanski
BAUCHREDEN – SPIELEND LERNEN
2. Auflage; ISBN 3-89535-423-6
DM 16,80 · ÖS 131,00 · SFr 17,80

In diesem Buch werden die Tricks gezeigt, die zum Erlernen des Bauchredens wichtig sind. Aber neben fundierten praktischen Tips bietet das Buch auch eine Übersicht über die Geschichte des Bauchredens.

Bezugsadressen

Chapeau-Claque
Olgastr. 47
70182 Stuttgart
0711/2364484

Stilbruch
Schulstr. 5
64263 Darmstadt
0494151/21443

Versandhandel Pappnase
von-Essen-Straße 76
22081 Hamburg
040/291297

Siegmono Cycle
Schreberweg 4
24119 Kronshagen
0431/5414410

Keule und Co
Dreikönigenstraße 25
69117 Heidelberg
06221/12199

Rhinozeros
Helmholzstraße 145
46045 Oberhausen
0208/855744

Flic - Flac
Hans Pinkenburg
Gaststr. 13
26122 Oldenburg

Diabolo
Neustädter Sraße 2
33602 Bielefeld
0521172572

Pio Pichlerrad
Steinstraße 23
76133 Karlsruhe
0721/376166

Balance
Kortumstraße 5
44787 Bochum
0234/12051

Ballaballa GmbH
Zülpicher Straße 39
50674 Köln
0221/243984

Henry`s
Adlerstraße 27 A
76133 Karlsruhe
0721/379145

Luftikus
Warendorfer Str. 5
48145 Münster
0251/47615

Schabernack
Neuer Graben 20
49074 Osnabrück
0541/23436

Aragon Buchladen
Neuer Wall 2 (Wallzentrum)
47441 Moers
02841/29772

Die Jonglerie
Hasenheide 54
10967 Berlin
030/6919449

Archive und Zeitschriften

Jonglierarchiv
H. Sagemüller
Wekhrlinweg 21
86720 Nördlingen-Baldingen

Internationales Jonglierarchiv
Karl-Heinz Ziethen
Lipschitzallee 75
12353 Berlin

Fotoarchiv Lotte Liebe
Theatersommerschule Graz
Buchholterstraße 39
A-4400 Steyer / Österreich

Kaskade
Gabi Keast
65197 Wiesbaden
0 61 21/42 59 38

Die Kaskade erscheint in englisch und deutsch. Bitte gib an, in welcher Sprache du sie haben möchtest. Für alle Freunde von Einrad und Jonglieren ein MUSS!! Schon allein wegen der Termine und Treffpunkte lohnt die Anschaffung.

Jugglers World
Rich Chamberlin, Secretary
Box 29
Kenmore, New York 14217
USA

Neil Robinson
Jonglieradressen
Bahnhofsanlage 16
6833 Schwetzingen
0 62 21/16 06 90

Register

EINRÄDER
GIRAFFEN
ULTIMATE
pichlerrad
Fertigung
und
Vertrieb
Fon
0721/37 61 66
Fax
0721/37 07 22
Steinstr. 23
76133 Karlsruhe

Von
Spiel
bis
Profi
ballaballa
Die Experten für Artistik, Theater, Spiel und Sport
Geschäft: Zülpicher Str. 39, 50674 Köln, Tel. 02 21/24 39 84
Großhandel/Versand: Volksgartenstr. 28, 50677 Köln, Tel. 02 21/32 76 88, Fax 31 84 43